NORTHGATE LIBRARY

NOV -- 2018

D0943049

NO LONGER PROPERTY OF
SEATTLE PUBLIC LIBRARY

COCINA SANA PARA INTOLERANCIAS

Si deseas estar informado de nuestras novedades,
te animamos a que te apuntes a nuestros boletines
a través de nuestro mail o web:

www.amateditorial.com

info@amateditorial.com

Recuerda que también puedes encontrarnos
en las redes sociales.

🐦 @amateditorial

🅕 facebook.com/amateditorial

COCINA SANA PARA INTOLERANCIAS

RECETAS FÁCILES SIN GLUTEN,
SIN LACTOSA, SIN AZÚCAR...

Tomás Loyola Barberis

© Tomás Loyola Barberis
© Profit Editorial I., 2018
Amat Editorial es un sello editorial de Profit Editorial I., S.L.

Diseño cubierta: Rocío García de Leániz Moncada
Maquetación: Rocío García de Leániz Moncada
Fotos del autor: Céline Nieto. Relative Imperfection©

ISBN: 978-84-17208-14-1
Depósito legal: B 4730-2018
Imprime: Gráficas Rey
Impreso en España / *Printed in Spain*

No se permite la reproducción total o parcial de este libro, ni su incorporación a un sistema informático, ni su transmisión en cualquier forma o por cualquier medio, sea electrónico, mecánico, por fotocopia, por grabación u otros métodos, sin el permiso previo y por escrito del editor. La infracción de los derechos mencionados puede ser constitutiva de delito contra la propiedad intelectual (Art. 270 y siguientes del Código Penal).

Diríjase a CEDRO (Centro Español de Derechos Reprográficos) si necesita fotocopiar o escanear algún fragmento de esta obra (www.conlicencia.com; 91 702 19 70 / 93 272 04 45).

A todos quienes quieren cambiar sus hábitos sin dejar de disfrutar de las mejores recetas

Índice

"NO COMAS POR COMER, COME PARA SENTIRTE BIEN POR DENTRO Y POR FUERA"

Prólogo

Si tienes este libro entre tus manos es porque estás pensando en cambiar tu dieta, igual que me pasó a mí hace casi dos años. Entonces, pesaba más de 145 kilos, tenía el colesterol y los triglicéridos disparados, no me sentía bien y casi todo lo que comía me producía ardor de estómago y reflujos. Sufría de muchos dolores de cabeza, cansancio permanente y fuertes molestias en las articulaciones (especialmente, en el tobillo derecho) y la espalda.

¿Qué podía hacer?

Gracias a la experiencia de un amigo, me decidí a cambiar mi alimentación. Y lo hice drásticamente: de un día para otro, dejé el gluten, los lácteos y el azúcar, para probar si notaba alguna mejoría. Debo decir que lo hice poco convencido, más como una medida de emergencia que por placer. Mi familia tiene una importante raíz italiana, por lo que la pasta, el pan y el queso formaban parte relevante de mi dieta. ¡Y qué decir de los dulces y las tartas!

Pero bueno, lo hice pensando en algo temporal, de unos días o unas semanas, para ver qué pasaba. Como cualquier otra dieta. Pero esa dieta puntual se convirtió en un cambio permanente…

Además de dejar el gluten, los lácteos y el azúcar en la medida de lo posible, me decidí a reducir las comidas muy procesadas y a apostar por una alimentación más sana y más variada. Si te animas a hacerlo, lo mejor es que consultes con tu médico o con una persona especializada que pueda ayudarte. Mi propuesta no es un método infalible de adelgazamiento ni una fórmula mágica. Es simplemente la decisión de hacer algo por mí.

Un año después de haber cambiado mi alimentación, estaba cerca de alcanzar los 100 kilos, los resultados de mi analítica eran perfectos (¡todo dentro de los niveles!), mi colesterol se había reducido a 170 y prácticamente todos mis malestares físicos habían desaparecido. Digo prácticamente porque a veces la espalda y la cabeza siguen fastidiándome, pero muchísimo menos que antes.

Ha mejorado la calidad de mi sueño, estoy lleno de energía y la sensación de bienestar ha resultado absolutamente embriagadora. Tanto, que no me planteo volver a comer como antes. ¡Y mucho menos cuando hay tantas cosas maravillosas que se pueden preparar sin recurrir a aquellas que no me favorecen!

Sí, aunque no lo creas hay mil posibilidades en tu cocina. Es más, hay muchas cosas que comes habitualmente que siguen estos principios: el pisto con huevo, un potaje de lentejas con verduras, una lubina al horno, una ensalada de tomates con ventresca, una buena paella... ¡La lista es muy larga! Y todas cumplen con el requisito de no tener gluten, lácteos ni azúcar.

Este libro lo que quiere es facilitarte la vida y hacer que tu cambio de alimentación sea lo más sencillo y cómodo posible. ¡Decídete y descubre cómo tu alimentación es importantísima para tu sensación de bienestar! No comas por comer, sino para sentirte bien por dentro y por fuera.

Esa es la razón principal por la que me sometí voluntariamente a este intento por sanarme, por sentirme mejor, por hacer que mis sistemas funcionen bien y, sobre todo, para aprender a escuchar a mi cuerpo. Y, en el camino, descubrí un mundo de recetas maravillosas que me ayudan a disfrutar de la cocina, de la mesa y de la comida. ¡Ha sido un camino increíble y lleno de aventuras!

Acompáñame en este viaje. Sigue mis pasos también en **www.mi-vida-sin.com** y mis recetas en **www.tomasenlacocina.com** ¡Te espero!

Recetas

Hummus de alcachofas

Lo he probado con garbanzos y sin ellos, pero me resultó más interesante la primera combinación. Te animo a que pruebes y decidas cuál te gusta más.

INGREDIENTES:

- 450-500 gramos de garbanzos cocidos (de bote) y escurridos
- 400 gramos de corazones de alcachofa cocidos (de bote) y escurridos
- 3 ajos
- El zumo de 1 limón
- 2 cucharadas de tahini (pasta de sésamo que puedes encontrar en herbolarios y grandes superficies)
- 4 cucharadas grandes de cilantro fresco picado
- Sal
- Pimienta negra recién molida
- Pimentón picante

PREPARACIÓN:

En un robot de cocina, disponemos todos los ingredientes y trituramos. Si vamos a usar la batidora de mano, ponemos todo en un bol hondo y procesamos hasta obtener la textura deseada: una crema firme, que es fácil de untar.

Guardamos el hummus de alcachofas en la nevera hasta servir, cubriéndolo bien con film transparente.

Notas

Mete un limón bien lavado y seco en tu congelador de un día para otro. Cuando esté congelado, rállalo y guárdalo de nuevo en un recipiente hermético en el congelador. Sirve como ingrediente para sopas, postres, guisos y también para darle un toque más cítrico a esta receta.

Paté de pipas de girasol

Inspirado en un famoso restaurante vegeta-
riano, me lancé a buscar mi propia receta de
este paté, que es estupendo. Lo he sumado a
mis aperitivos indispensables...

INGREDIENTES:

- 200 gramos de pipas de girasol
- 2 dientes de ajo pelados
- 1/4 de taza de aceite de girasol
- 2 cucharadas de aceite de oliva
- 1/4 cucharadita de comino
- 1 cucharada de tahini (pasta de sésamo que puedes encontrar en herbolarios y grandes superficies)
- 2 cucharadas de zumo de limón
- Una pizca de sal

PREPARACIÓN:

Ponemos todos los ingredientes en un ro-bot de cocina o, si vamos a usar la batidora de mano, en un vaso. Mezclamos bien has-ta conseguir la textura de una pasta firme. Si queda muy denso, lo podemos aligerar con un poquito de aceite de oliva y algo más de tahini.

Probamos y, si hace falta, corregimos la sal.

Notas

Es estupendo para acompañar crudités de apio, zanahoria y manzana verde. ¡Con esta última, forma una magnífica y sorprendente combinación!

Hummus

La suavidad de la textura del hummus y su sabor me remiten a Oriente Medio y a distintos momentos en los que he probado versiones de este plato: con comino o sin él, con más limón, con más sésamo, con pimentón picante.... Cada familia tiene su variante, pero yo me permito disfrutar con todas. Aquí está la base. La creatividad es tuya.

INGREDIENTES:

- 1 bote de garbanzos cocidos (500 gramos), escurridos y pasados por agua fría
- 3 cucharadas de tahini o 1/2 taza de semillas de sésamo
- El zumo de un limón
- 2-3 dientes de ajo
- Aceite de oliva
- Sal
- Pimienta

PREPARACIÓN:

Se mezclan todos los ingredientes en un recipiente hondo y no muy ancho. Con la batidora de mano trituramos y mezclamos bien hasta obtener una pasta firme, no demasiado líquida. Refrigeramos hasta el momento de servir. Viene bien para untar con panecillos, galletas saladas o crudités (palitos de verdura como apio, zanahoria, calabacín, entre otros).

Se puede variar el hummus al agregarle alguna verdura (hojas de canónigo, tomate, perejil, zanahoria, corazones de alcachofa, etcétera) cuidando siempre que no quede excesivamente líquido y que mantenga la consistencia. Como recomendación, debemos pensar en ingredientes más bien secos o deshidratados.

Notas

Se puede sustituir el tahini por 1/2 taza de semillas de sésamo. Eso sí, hay que procesar bien la mezcla con la batidora para que se deshagan.

Tapenade

Esta pasta de aceitunas que sabe a gloria, a placeres mediterráneos, de color, gusto y aroma intensos, acompaña perfectamente a quesos, pan, galletas saladas y, como veremos más adelante, hasta a un buen gazpacho, o sirve como guarnición de un salmorejo. Porque no todo es huevo y jamón en esta vida...

INGREDIENTES:

- 1/2 kilo de aceitunas negras picadas
- 1 lata de filetes de anchoas
- 1 lata pequeña de atún
- 1/3 de taza de alcaparras
- 1 cucharadita de mayonesa
- Aceite de oliva
- Pimienta

PREPARACIÓN:

Trituramos todos los ingredientes suavemente hasta deshacerlos, formando una pasta. Aliñamos y comprobamos la sazón. Refrigeramos y servimos fría. Si las aceitunas son de lata, las lavamos bien con agua fría para que pierdan el sabor de los conservantes.

Este paté de aceitunas sirve tanto para aperitivos como para platos fríos de ensaladas, carnes suaves, pollo o pavo. Su sabor es intenso y, por lo tanto, realza el de otros ingredientes menos afortunados.

Notas

Se pueden disponer hojas de endibia en un plato y agregar una pequeña porción de tapenade en el extremo más grueso. Así las hojas se convierten en *cucharillas* de un aperitivo liviano.

Guacamole

Recetas de guacamole debe haber tantas como personas que lo han preparado...

A mí me recuerda momentos en que grandes amigos han compartido conmigo sus habilidades para elaborarlo. Personalmente, me gusta suave, con el toque justo de sabor que aporta la cebolla, y con unas gotas de limón.

Y sí, podría comérmelo a cucharadas, sin accesorios. Es una de mis debilidades.

INGREDIENTES:

- 4 aguacates maduros, pelados y sin hueso
- 2 tomates grandes, maduros y sin piel
- 1 cebolla mediana, cortada en cubitos muy pequeños
- Sal
- El zumo de 1 limón

PREPARACIÓN:

En una fuente honda, y con la ayuda de un tenedor, aplastamos los aguacates hasta formar una pasta suave y cremosa. Agregamos la cebolla y seguimos aplastando y mezclando con el aguacate, para que se integren los sabores. Añadimos el zumo de limón, para evitar que el aguacate se ponga negro.

Hay quien prefiere hacerlo poco a poco: un aguacate, un poco de cebolla, y así hasta acabar con ambos ingredientes. Es una opción, pero si el tiempo apremia, se puede hacer todo a la vez.

Después, agregamos el tomate y seguimos mezclando bien con la ayuda del tenedor. Ponemos una cucharadita de sal y verificamos. Si le falta, podemos corregirlo. Si nos hemos pasado, incorporamos otro aguacate y medio tomate más para suavizarlo.

Notas

Es excelente como acompañamiento para nachos, patatas fritas, crudités o trozos de pan.

Tortilla de huevos con hierbas frescas

―――

Las siempre fáciles y exquisitas tortillas, pero con un toque de frescor. El brunch *invita a traspasar las normas del desayuno y proyectar los sabores más allá de la típica tostada o del sándwich mixto. Y nada mejor que los huevos para encontrar nuevos aliados.*

INGREDIENTES:

- 4 huevos
- 1 cucharada de aceite de oliva
- Una pizca de sal
- Pimienta
- 1 cucharadita de cebollino picado fino
- 1 cucharadita de perejil picado fino
- Una pizca de cilantro fresco picado fino

PREPARACIÓN:

Ponemos los huevos en una fuente honda mezclando bien yemas y claras, pero sin batir. Yo lo hago con un tenedor de forma constante, pero no enérgicamente (no estamos montando nata o haciendo merengue). Agregamos la sal, un toque de pimienta y las hierbas picadas.

Colocamos la sartén al fuego y calentamos el aceite de oliva. Antes de que empiece a humear, vertemos la mezcla de huevos y movemos la sartén con la mano para que se extienda. Cuando comience a cuajar, la retiramos del fuego y dejamos reposar un par de minutos al calor de la sartén.

La ponemos en un plato y ya está lista para comer.

Notas

Añade un par de cucharadas de tomate fresco rallado y le darás un toque fantástico a la tortilla.

Tortilla de huevos mixta

Otra vuelta de tuerca a la típica tortilla. Si queremos aventurar un poco más, además del jamón le podemos dar un pequeño toque picante (pimentón picante, algún curry no muy fuerte, chile, etcétera.), agregando una pizca de la especia seleccionada en el momento de mezclar los huevos.

INGREDIENTES:

- 4 huevos
- 80 gramos de jamón de York o de pavo en cubitos
- 1 cucharada de aceite de oliva
- Una pizca de sal
- Pimienta

PREPARACIÓN:

Ponemos los huevos en una fuente honda. Con la ayuda de un tenedor, mezclamos suavemente las claras y las yemas, pero sin batir enérgicamente. Agregamos el jamón, la sal y un toque de pimienta.

Colocamos la sartén al fuego y calentamos el aceite de oliva. Antes de que empiece a humear, vertemos la mezcla de huevos y movemos la sartén para que se extienda. Cuando comience a cuajar, la retiramos del fuego y dejamos reposar un par de minutos.

Notas
Resulta ideal para reponer fuerzas después de una noche intensa.

Gazpacho

El gazpacho reúne buena parte de mis ingredientes básicos y de mis gustos fundamentales: el tomate, el aceite de oliva, los pimientos, el ajo, el vinagre... Pero además es un entrante fresco, sabroso e intenso; una delicia para el paladar, y una fortuna para los veranos españoles.

INGREDIENTES:

- 2 kilos de tomates rojos, maduros y sin piel
- 1 pepino mediano
- 1 pimiento verde
- 1 pimiento rojo
- 2 dientes de ajo
- 1 1/2 vasos de aceite de oliva
- 1/2 vaso de vinagre de vino tinto
- Sal y pimienta recién molida

PREPARACIÓN:

Ponemos en un recipiente hondo los tomates, el pepino y los pimientos, previamente lavados. Agregamos los 2 dientes de ajo, el aceite de oliva y el vinagre. Añadimos 2 cucharaditas de sal. Con la batidora de mano trituramos todos los ingredientes, hasta que no quede ningún trozo entero.

Pasamos el gazpacho a otro recipiente a través de un colador fino para retirar todas las semillas y los restos de piel. El resultado debe ser una sopa suave. Verificamos la sal y, si es necesario, rectificamos agregando más. Incorporamos la pimienta recién molida y mezclamos nuevamente con la batidora.

Una vez listo, lo guardamos en la nevera al menos 8 horas, porque se debe servir muy frío. Recomiendo hacerlo el día anterior.

Notas

Al servir, se puede decorar con un par de hojas de albahaca fresca. O en la base se puede poner un par de cucharadas de tapenade (véase receta en página 21) y el gazpacho encima. ¡Un contraste estupendo!

Gazpacho de fresas

Las mezclas culinarias son infinitas. Gracias a ellas, he probado versiones de gazpacho de cerezas y de sandía, pero me quedo con esta receta que fue todo un descubrimiento. El contraste de las fresas y el vinagre sigue siendo una de las combinaciones que más sensaciones me despiertan en la cocina.

INGREDIENTES:

- 1 1/2 kilos de tomates rojos maduros
- 1/2 pepino
- 1/2 kilo de fresas maduras y lavadas
- 1 pimiento rojo
- 1 1/2 vasos de aceite de oliva
- 1/2 vaso de vinagre de vino tinto
- 1 cucharada de vinagre de Módena
- Sal y pimienta recién molida

PREPARACIÓN:

Ponemos en un recipiente hondo los tomates, las fresas, el pepino y el pimiento rojo, previamente lavados. Agregamos el aceite de oliva y el vinagre, y 2 cucharaditas de sal.

Con la batidora de mano, trituramos todos los ingredientes hasta que no quede ningún trozo entero. Pasamos el gazpacho a otro recipiente a través de un colador fino para retirar todas las semillas y restos de piel. El resultado debe ser una sopa suave.

Verificamos la sal y, si es necesario, rectificamos agregando más. Añadimos la pimienta recién molida y mezclamos nuevamente con la batidora.

Una vez listo, lo guardamos en la nevera al menos 8 horas, porque se debe servir muy frío. Siempre recomiendo hacerlo el día anterior.

Notas

Al servir, se puede adornar con unas láminas de fresas y una hoja de menta fresca. Es perfecto para comidas de verano.

Tabulé con quinua

Aventurándome en Internet, encontré una receta de tabulé y la reconvertí a mi manera, adaptando, quitando y poniendo ingredientes. El resultado fue una ensalada llena de frescor y sabores en una versión sin gluten: con quinua.

INGREDIENTES:

- 250 gramos de quinua, previamente cocida según las indicaciones del fabricante
- 4 tomates maduros sin piel
- 3 cebolletas
- 2 pimientos verdes (del tipo italiano si es posible)
- 1 taza de aceitunas negras sin hueso
- El zumo de 2 limones
- 1/2 taza de aceite de oliva
- 1/3 de taza de perejil picado fino
- 8 hojas de hierbabuena fresca picada
- Sal y pimienta negra

PREPARACIÓN:

Cortamos los tomates en cubitos pequeños y hacemos lo mismo con los pimientos, quitándoles además las semillas. Picamos finamente las cebolletas y las aceitunas. Ponemos todos estos ingredientes en un bol y agregamos el perejil, la hierbabuena y la quinua.

Aliñamos con el aceite de oliva, el zumo de limón, una pizca de sal y un poco de pimienta negra. Mezclamos bien y lo guardamos en la nevera, al menos, 2 horas.

Retiramos de la nevera y mezclamos de nuevo. Se sirve frío.

Notas

Sustituye el perejil por cilantro fresco recién picado para un sabor más intenso. Y añade una pizca de ralladura de limón en la preparación para intensificar su sabor y aroma.

Aguacates rellenos

Injustamente derivados a un segundo plano culinario, pero tan ricos como el mejor de los manjares, los aguacates rellenos son una típica preparación chilena que, socialmente, fue perdiendo categoría por el abuso que se hizo de ella. Siempre he considerado que era necesario reivindicar su posición y devolverlo al lugar del que nunca debieron haber salido.

INGREDIENTES:

- 4 aguacates maduros y firmes (preferiblemente, los de piel negra y áspera, de la variedad Hass)
- 2 latas de atún en aceite o en agua
- 2 cucharadas grandes de mayonesa
- Sal y pimienta
- Aceite de oliva
- El zumo de 1 limón

PREPARACIÓN:

Pelamos cuidadosamente los aguacates, quitándoles toda la piel. Los partimos por la mitad a lo largo y retiramos el hueso. Los disponemos en una fuente o en platos individuales. Los rociamos con el zumo de limón para evitar que se ennegrezcan, y luego los rociamos con unas gotas de aceite de oliva y un poco de sal.

Aparte, escurrimos el atún para quitarle el aceite o el agua, lo ponemos en un bol pequeño y añadimos la sal, la pimienta y la mayonesa. Mezclamos bien y rellenamos cuidadosamente el hueco de los aguacates con la ayuda de una cucharilla pequeña. Ya están listos para servir.

Notas

Esta receta es la básica, pero el relleno puede variar según el gusto de cada cocinero. Los aguacates van bien con pollo, pescado o carne; incluso con una mezcla de quesos y tomate, o con queso crema, o con ricota o requesón. También los he visto con gambas. Es simplemente dejar volar la imaginación y visualizar el resultado. Por ejemplo, se me acaba de ocurrir una mezcla de pollo con dátiles o ciruelas, para un mayor contraste.

Alcachofas al infierno

Esta receta viene de lejos, tanto en distancia como en el tiempo. Era una forma de preparar las alcachofas en casa de mi nonna y, como no tenía la receta original, me saqué esta de la manga para hacerla lo más parecida posible y recuperar ese sabor, esos dedos enaceitados que eran la marca indeleble de haber disfrutado...

INGREDIENTES:

- 4 alcachofas grandes
- 6 cucharadas grandes de perejil picado
- 4-6 dientes de ajo picados
- Aceite de oliva virgen extra
- Sal
- Pimienta negra recién molida

PREPARACIÓN:

Limpiamos las alcachofas, cortamos los tallos y las partimos por la mitad, a lo largo. Las ponemos a cocer en agua hirviendo con sal y la mitad del perejil hasta que estén al dente (unos 20-22 minutos). Las retiramos del agua, las dejamos escurrir y reservamos.

Precalentamos el horno a 180 °C.

Aparte, en un plato grande y hondo, mezclamos de 6 a 8 cucharadas generosas de aceite de oliva virgen extra con el ajo picado, una pizca de sal, pimienta negra recién molida y el resto del perejil. Ponemos las alcachofas boca abajo sobre esta mezcla y las llevamos, también boca abajo, a una fuente de horno. Vertemos el resto del aceite por encima y horneamos otros 20-25 minutos. Retiramos, dejamos reposar 10 minutos y servimos. ¡Son una delicia!

Notas

Si te quieres aventurar, añade un poco de cilantro fresco en el momento de servirlas.

Tortilla de zanahorias

—

Uno de los platos favoritos de mi hermana y una estupenda alternativa para cenas ligeras, comidas ovolactovegetarianas y para dar a los niños un poco de verdura muy bien disimulada, que se comerán a gusto.

INGREDIENTES:

- 1 1/2 kilos de zanahorias
- 2 cebollas medianas, peladas y cortadas en cubitos
- 3 huevos
- Sal y pimienta
- Aceite de oliva

PREPARACIÓN:

Lavamos, pelamos y rallamos las zanahorias con los agujeros pequeños del rallador. Este paso es un poco tedioso, pero el resultado es tan bueno que luego se olvida y no se duda en repetir.

En una sartén, calentamos el aceite de oliva y salteamos la cebolla hasta que esté transparente. Retiramos del fuego y reservamos.

En un bol, mezclamos la zanahoria rallada, la cebolla salteada y los huevos. Salpimentamos al gusto y reservamos.
Calentamos un poco de aceite en una sartén para tortillas (antiadherente) y vertemos la mezcla de zanahorias. A fuego medio, dejamos cuajando. Cuando notemos que la parte de abajo está dorada y se despega, es tiempo de darle la vuelta. Ponemos un plato de tamaño mayor que la sartén, boca abajo sobre esta y con cuidado, le damos la vuelta, eso sí, con un movimiento rápido.

Volvemos a poner la tortilla en la sartén y cocinamos unos minutos por el otro lado, procurando no quemarla.

Una vez que esté hecha, retiramos la tortilla del fuego, la ponemos en un plato y la dejamos reposar unos minutos. Ya está lista para servir.

Notas
Cuanto más fina ralles la zanahoria, más suave queda la tortilla.

Ensalada Waldorf

Es una de mis ensaladas favoritas por sus contrastes, sus texturas y, sobre todo, por ser un plato perfectamente equilibrado: dulce, salado, ácido, fresco, colorido, suave...

INGREDIENTES:

- 3 manzanas rojas con piel
- 2 cucharadas de zumo de limón
- 5 tallos de apio, cortados en rodajas
- 1/2 taza de nueces picadas finas
- 1/2 cucharadita de semillas de sésamo
- 3 cucharadas grandes de mayonesa
- Sal y pimienta
- 2 cucharadas de vinagre de manzana (o de vino blanco)
- Hojas de apio para decorar

PREPARACIÓN:

Cortamos las manzanas en cubitos, luego las colocamos en un bol y vertemos sobre ellas el zumo de limón.

Agregamos el apio cortado en rodajas, las nueces picadas y las semillas de sésamo, y mezclamos bien.

En un bol pequeño, prepararemos el aliño. Agregamos la mayonesa, 2 cucharadas de vinagre de manzana, un poco de sal y una pizca de pimienta. Mezclamos bien con la ayuda de un tenedor, hasta formar una salsa suave.

Mezclamos la salsa con el resto de los ingredientes, verificamos la sal (corregimos si es necesario) y servimos en platos decorados con las hojas del apio.

Notas

Las hojas verdes del apio son un estupendo remedio casero para la retención de líquidos y la pesadez estomacal. Se hace una infusión hirviendo agua en un cazo con unas cuantas hojas de apio durante unos 5-8 minutos. Se retira del fuego y se bebe a lo largo del día.

Ensalada de calabacín y mostaza

—

Esta receta, como otras, se inspira en algunos recuerdos de la casona de campo de mi madrina, donde las fiestas eran multitudinarias y el cariño era más grande que la extensión de sus paisajes hacia la cordillera de los Andes.

INGREDIENTES:

- 2 calabacines lavados y secados, sin pelar
- 1/2 taza de pasas sultanas
- 2 cucharadas de mostaza de Dijon
- 2 cucharadas de aceite de oliva
- 1 cucharada de mayonesa
- 1 cucharada de vinagre de vino o de manzana
- Una pizca de sal

PREPARACIÓN:

Con un rallador, desmenuzamos los calabacines en tiras pequeñas y finas. Las disponemos en una fuente junto con las pasas y dejamos reposar.

Aparte, en un bol pequeño, mezclamos la mostaza, el aceite de oliva, la mayonesa, el vinagre y la sal, hasta conseguir una salsa suave y homogénea, y la vertemos sobre los calabacines. Removemos bien.

Dejamos reposar la ensalada unos 30 minutos en la nevera. Volvemos a mezclar y servimos inmediatamente.

Notas

Opcionalmente se pueden agregar pequeños taquitos de beicon, pero eso es a gusto de cada comensal.

Ensalada de espinacas y fresas

El objetivo de esta ensalada es sorprender: primero, con las espinacas y las fresas; segundo, cuando se prueba. Tercero, cuando queda el sabor dulzón del balsámico con el ácido de las fresas y el tomate. Simplemente, una maravilla a punto para llevar a la mesa.

INGREDIENTES:

- 500 gramos de hojas de espinaca, lavadas y escurridas
- 14-16 fresas frescas, lavadas
- 2 tomates pera
- 1 aguacate
- 1/2 taza de nueces
- 3 cucharadas de aceite de oliva
- 3 cucharadas de vinagre balsámico
- 2 cucharadas de vinagre de vino o manzana
- Una pizca de sal

PREPARACIÓN:

Disponemos las hojas de espinacas en una fuente amplia, después de lavarlas y escurrirlas. Lavamos las fresas y les quitamos las hojas, para después cortarlas en rodajas sobre las espinacas. Pelamos y cortamos los tomates y el aguacate en cubos, y los disponemos también en la fuente. Añadimos las nueces y dejamos reposar.

Aparte, preparamos el aderezo, mezclando el resto de **ingredientes**: aceite de oliva, vinagres y la sal. Removemos bien y lo vertemos sobre la ensalada.

La dejamos reposar unos 10 minutos, mezclamos de nuevo, y ya está lista para servir.

Notas

Quita los tallos de las hojas de las espinacas (o compra espinacas baby), y la ensalada resultará mucho más agradable.

Ensalada toscana

Por su color, por su sabor, por su suavidad y por tantas cosas, no dejarás de preparar una y otra vez esta ensalada templada.

INGREDIENTES:

- 1 bote grande de judías blancas escurridas o 2 tazas de judías blancas (puestas en remojo la noche anterior)
- 1 pimiento rojo
- 1 pimiento verde
- 2 cebollas cortadas en pluma
- 1 cucharada de orégano
- 4 cucharadas de aceite de oliva
- 3 cucharadas de vinagre balsámico
- 1/2 taza de aceitunas negras deshuesadas (opcional)
- Sal y pimienta

PREPARACIÓN:

Vertemos las judías cocidas en un colador, lavamos bien y dejamos escurrir unos 20 minutos. Las ponemos en un bol hondo y dejamos reposar. Si las vamos a cocer nosotros, vertemos las judías en remojo en un colador, las lavamos y las ponemos a cocer en una olla con agua fría y sal hasta que estén blandas, unos 70-90 minutos en olla convencional. Una vez que están cocidas, colamos nuevamente y dejamos escurrir. Las disponemos en un bol y reservamos.

Aparte, pelamos las cebollas y las cortamos en pluma (juliana fina). Calentamos 2 cucharadas de aceite y freímos la cebolla con una pizca de sal y una de pimienta, hasta que esté dorada y suave. Retiramos la cebolla, añadimos las otras dos cucharadas de aceite y salteamos los pimientos, lavados y cortados en tiras (quitando todas las semillas y nervaduras blancas), hasta que estén blandos.

Ponemos la cebolla y los pimientos sobre las judías, salpimentamos y añadimos una cucharada de orégano con unas gotas de aceite de oliva y el vinagre. Si queremos, podemos agregar las aceitunas.

Notas

Cambia las judías por garbanzos o lentejas, y descubre las diferencias entre las legumbres. Eso sí, todas son estupendas como ensalada, frías o templadas.

Ensalada de naranjas y olivas

—

¡Sí, lo que estás leyendo! Naranjas y aceitunas. No es una errata, sino una de las ensaladas más curiosas y magníficas que he descubierto en los últimos años. Atrévete con esta receta mediterránea y déjate seducir por ella.

INGREDIENTES:
- 6 naranjas de mesa
- El zumo de 1/2 limón
- 3 cucharadas de aceite de sésamo (si no, de oliva)
- 3 dientes de ajo picados finamente
- 125 gramos de aceitunas negras deshuesadas y cortadas en rodajas
- Sal
- 1 cucharada de comino
- 1 cucharada de paprika
- Una pizca de chile en polvo, pimentón picante o merquén

PREPARACIÓN:

Pelamos las naranjas, cuidando de quitar en la medida de lo posible la parte blanca. Las cortamos en cubos y las ponemos en un bol hondo. Añadimos las aceitunas negras ya cortadas y reservamos.

Sazonamos las naranjas con el limón, el aceite, el ajo y la sal. Incorporamos las especias, mezclamos bien y dejamos reposar la ensalada unos 20 minutos en la nevera. A partir de ese momento, ya podemos disfrutar de una amalgama de sabores sorprendente.

Notas

No le tengas miedo al ajo en esta receta. Yo uso 3 dientes, pero puedes llegar hasta 6… ¡Si te atreves!

Ensalada de zanahorias, pasas y sirope

Simple, dulzona y muy resultona. Esta ensalada es otro de los descubrimientos recientes y es estupenda para acompañar unos filetes de pollo, unas lonchas de pavo rellenas con aguacate o, simplemente, un pescado al horno. Ya verás cómo se convierte en una de tus favoritas.

INGREDIENTES:

- 4 zanahorias grandes, lavadas y peladas
- 1/2 taza de pasas sultanas
- 1/3 de taza de cilantro fresco picado
- 4 cucharadas de aceite de oliva
- 2 cucharadas de sirope de agave (en herbolarios y algunos supermercados)
- El zumo de 1 limón
- 1 cucharadita de jengibre en polvo o 1 cucharada de jengibre fresco rallado
- 1 cucharadita de canela en polvo
- Sal y pimienta

PREPARACIÓN:

Rallamos las zanahorias finamente con la ayuda de un rallador. Las ponemos en un bol grande con el resto de ingredientes, mezclamos bien, dejamos reposar 10 minutos en la nevera y servimos inmediatamente.

Notas

Su dulzor y colorido contrastan perfectamente con un plato de carnes rojas o blancas, o pueden servirse como aperitivo en un vaso o cuenco pequeño para despertar el paladar.

Ensalada de lombarda, pimientos y cebolleta

La descubrí hace poco gracias a la gran Nigella Lawson, y esta es mi versión. Con esta receta aprendí a apreciar la lombarda y a incorporarla a mi dieta habitual, porque resulta ser mucho más versátil que lo que había probado hasta ahora.

INGREDIENTES:

- 1/2 lombarda (repollo morado) cortada en juliana muy fina
- 1 pimiento rojo cortado en juliana fina
- 1 pimiento verde cortado en juliana fina
- 1 pimiento amarillo cortado en juliana fina
- 2 cebolletas grandes cortadas en juliana fina
- 1/2 vaso de zumo de lima recién exprimida
- 1/2 vaso de aceite de oliva virgen extra
- 1/4 de vaso de vinagre de manzana
- 2 cucharadas de aceite de sésamo
- 1 cucharadita de sal
- 1 cucharadita de hojuelas de chile (*chili flakes*)
- 1/2 taza de cilantro fresco picado
- 1 taza de pistachos pelados y picados

PREPARACIÓN:

En una fuente honda, ponemos los primeros 5 ingredientes y sazonamos con la sal y las hojuelas de chile.

Aparte, mezclamos el zumo de lima con los aceites y el vinagre. Vertemos sobre las verduras y dejamos que repose unas 2-3 horas.

Antes de servir, añadimos el cilantro y los pistachos, y volvemos a mezclar todo para incorporar los sabores. Corregimos el punto de sal y llevamos a la mesa.

Notas

Sustituye el zumo de lima por zumo de piña natural... ¡No te arrepentirás!

Garbanzos balti

—

¡Una maravilla de plato! Sorprende por su color, su sabor y su textura. Sigue la receta al pie de la letra y no te asustes con la mezcla de especias... ¡Están en perfecto equilibrio! Eso sí, no es una receta apta para paladares delicados, porque el resultado es especiado y picante

INGREDIENTES:

- 1 cebolla pelada y cortada en juliana
- 1 cucharada de comino en grano
- 1/2 cucharada de semillas de cilantro molidas
- 1/2 cucharada de semillas de comino molidas
- 1/2 cucharadita de cúrcuma

PARA LA SALSA:
- 2 cebolletas cortadas en cuartos
- 3 dientes de ajo pelados
- 1 trozo de jengibre de 4-5 centímetros, pelado y cortado en trozos
- 1/2 cucharada de canela en polvo
- 1/2 cucharada de clavo en polvo
- 400 gramos de tomate triturado
- 3 cucharadas de doble concentrado de tomate
- 1/2 cucharadita de cúrcuma
- 1 1/2 cucharaditas de sal
- 1 cucharadita de hojuelas de chile (*chili flakes*)
- 1/2 cucharada de semillas de cilantro molidas
- 1/2 cucharada de semillas de comino molidas

- 500 gramos de garbanzos cocidos y escurridos
- 1 puñado de cilantro fresco
- 1 cucharadita de garam masala
- 1 taza de agua fresca
- Aceite de oliva

PREPARACIÓN:

En una sartén grande, calentamos 4 cu-charadas generosas de aceite de oliva. Añadimos la cebolla y el comino en grano, mezclamos y dejamos dorar unos 5 minu-tos. Agregamos las semillas de cilantro y de comino molidas junto con la cúrcuma, mezclando bien para repartir los sabores. Cocinamos otros 5-8 minutos, apagamos el fuego y reservamos.

Para preparar la salsa, utilizaremos un robot de cocina. En el vaso, ponemos el ajo, el jengibre y la cebolleta, y los picamos bien. Reservamos.

Aparte, en una olla grande, calentamos 4 o 5 cucharadas de aceite de oliva. Una vez caliente, añadimos la mezcla de ajo, cebo-lletas y jengibre, dorando suavemente. In-corporamos la canela y el clavo en polvo, y revolvemos bien.

El siguiente paso es añadir el tomate tritu-rado y el doble concentrado con el resto de especias: la cúrcuma, la sal, las hojue-las de chile, y el resto de semillas molidas de cilantro y comino. Volvemos a mezclar bien a fuego fuerte y añadimos la cebolla reservada del primer paso, los garbanzos, el cilantro, la mezcla de especias garam masala y el agua. Reducimos el fuego al mínimo y dejamos que se cocine durante al menos 60 minutos. Apagamos el fuego, dejamos reposar 10 minutos y ya está listo para servir.

Notas

Dejamos que se cocine y que repose tranquilamente, porque así los sabores se sumarán y el resultado será mucho más espectacular.

Minihamburguesas de atún

Es un plato bastante sencillo y muy socorrido. Al menos, resulta novedoso y a la gente le suele sorprender. Para los chilenos, esta preparación (sea de carne picada o pescado) es lo que conocemos como croquetas, muy alejadas de las croquetas de bechamel que se preparan en España.

INGREDIENTES:

- 1 lata de atún grande o unas 8 latas pequeñas (650 gramos aproximadamente)
- 3 huevos
- 1/2 taza de harina de garbanzos
- 2 cebollas medianas, peladas y cortadas en cubos pequeños
- 3 cucharadas de perejil fresco picado
- Sal y pimienta
- Aceite de oliva

PREPARACIÓN:

Freímos la cebolla en 3 cucharadas de aceite hasta dorarla. Retiramos del fuego y dejamos enfriar.

Escurrimos el atún y lo ponemos en un bol. Con la ayuda de un tenedor, lo desmenuzamos bien. Agregamos la cebolla, los huevos, la harina de garbanzos, el perejil, la sal y una pizca de pimienta. Mezclamos bien todos los ingredientes hasta formar una pasta más o menos firme. Si vemos que está muy blanda, podemos agregar un par de cucharadas más de harina.

Con la ayuda de dos cucharas o con las manos, formamos las minihamburguesas (salen alrededor de 18) y las freímos en abundante aceite caliente, unos 3 minutos por cada lado, hasta que estén doradas y crujientes.

Las retiramos y las ponemos sobre papel de cocina para quitar el exceso de aceite, y ya están listas para servir.

Notas

Son estupendas también como snack o, si las hacemos más pequeñas y en forma de bolitas, como aperitivo o como adorno para una ensalada.

Tomaticán

Esta es otra receta que representa mi infancia y uno de los platos con los que mi madre nos agasajaba en casa. Es una especie de guiso de tomates con maíz, tan fácil de hacer como sabroso y que resulta un perfecto acompañamiento para pollo o carne.

Siempre creí que era un invento suyo, porque el nombre me parecía pura fantasía. Pero no, resultó ser una adaptación casera de una receta criolla que originalmente incluía la carne y se servía como plato fuerte.

Si queremos volver al origen, bastará con agregar a la cebolla y al ajo (al principio de la preparación) unos trozos de carne para guisar (750 gramos serán suficientes) y extender la cocción con todos los ingredientes unos 30-40 minutos.

INGREDIENTES:

- 2 cebollas cortadas en juliana
- 10 tomates pelados y sin semillas, con su jugo
- 1/4 de taza de aceite de oliva
- 2 botes de maíz dulce
- 1 diente de ajo
- 1/2 cucharada de orégano
- 2 cucharadas de perejil fresco picado
- Sal y pimienta al gusto

PREPARACIÓN:

En una sartén grande y con tapa, salteamos la cebolla y el ajo en el aceite entre 7 y 10 minutos, hasta que la cebolla se haya vuelto transparente, procurando no quemar el ajo para evitar un sabor amargo.

Agregamos los tomates, el maíz, el orégano y el perejil, además de sal y pimienta. Tapamos la sartén y cocemos a fuego lento unos 15-20 minutos.

Notas

Se le pueden agregar también 2 calabacines pequeños y cortados en cubos junto con los tomates y el maíz, para darle un toque totalmente distinto.

Carbonada

La carbonada es una sopa llena de proteínas, vitaminas y todo lo necesario para entrar en calor en un frío día de invierno. Lo ideal es compartirla, disfrutarla en grupo, porque es tal la mezcla de sabores y el colorido del plato que comerla solo puede ser un auténtico pecado.

Esta receta es muy nutritiva y agradable. Sus ingredientes la hacen bastante equilibrada y la convierten en un plato único para días en los que no tengamos mucho tiempo para cocinar.

INGREDIENTES:

- 1 patata por persona, cortada en cubos pequeños
- 500 gramos de calabaza cortada en cubos pequeños
- 1 taza de guisantes
- 125 gramos de judías verdes
- 2 zanahorias (una cortada y otra rallada)
- 1 pimiento cortado en cuadritos
- 1 taza de maíz (1 bote o 2, según se prefiera)
- 1/2 taza de arroz
- 2 litros de agua hirviendo
- 400 gramos de carne picada
- 1 cebolla
- 1 diente de ajo
- Perejil, sal y pimienta

PREPARACIÓN:

Picamos la cebolla y el ajo y los doramos en aceite en una olla honda. Agregamos el pimiento, la carne y la zanahoria rallada. Salpimentamos y freímos bien.

Añadimos el agua hirviendo y el resto de los ingredientes, menos el arroz. Una vez que vuelve a hervir, cocinamos 10 minutos. A continuación, ponemos el arroz, cocemos 15 minutos más a fuego fuerte y apagamos, dejando sobre el fogón caliente.

Tapamos la olla para que termine correctamente la cocción unos 25 minutos. Así reposan mejor los ingredientes. En la nevera se mantiene bien durante 2 o 3 días. Es poco recomendable conservarla más tiempo.

Notas

Si tienes problemas de azúcar, reduce la calabaza y las patatas a la mitad, o cambia la calabaza por calabacín.

Chop suey de pollo

Hace muchos años era una de mis recetas emblemáticas, pero fue cayendo en el olvido por razones que no comprendo. Hoy la he recuperado para este libro, porque todavía es una de mis mezclas favoritas entre mis intentos de preparar comida asiática.

INGREDIENTES:

- 400 gramos de pechuga de pollo deshuesada y cortada en cubos
- 1/2 pimiento rojo cortado en tiras
- 1/2 pimiento verde cortado en tiras
- 1 cebolleta cortada en trozos
- 1/2 taza de zanahoria cortada en bastones finos
- 1 taza de brotes de soja (brotes de judías mungo, realmente, o dientes de dragón)
- 1/2 kilo de champiñones en láminas
- 3 cucharadas de aceite de oliva
- 1 cucharada de aceite de sésamo
- Una pizca de sal
- 1/4 de taza de salsa de soja
- 1 cucharada de 5 especias chinas

PREPARACIÓN:

Calentamos bien un wok o una sartén durante unos minutos. Añadimos el aceite de oliva y el de sésamo, y dejamos calentar. Doramos el pollo en el aceite unos minutos, removiendo para evitar que se queme. Una vez dorado por fuera, incorporamos los pimientos, la zanahoria y la cebolleta, y salteamos unos 3-4 minutos. Espolvoreamos con las 5 especias chinas y mezclamos.

A continuación, añadimos los brotes de soja, los champiñones y la salsa de soja, y cocinamos 5 minutos más. Corregimos la sal en caso de que sea necesario y ya está listo para servir. El pollo debe quedar hecho, pero sin pasarse, y la verdura debe estar tierna y crujiente.

Es perfecto para servir acompañado de una buena ración de arroz blanco, que agradecerá los jugos de esta preparación.

Notas

Quítale el pollo y deja las verduras para transformarlo en un plato vegetariano. Si te gusta el tofu ahumado, también puedes añadirlo en vez del pollo. ¡Depende de ti!

Carne guisada al vino tinto

Esta es una de mis recetas favoritas a la hora de atender invitados. Siempre sorprende por la intensidad de su sabor, la suavidad y la fineza de la carne guisada a fuego lento, y por el contraste que le doy con la fruta. No es el plato más fotogénico, pero sí que vale la pena su sabor.

INGREDIENTES:

- 1 kilo de morcillo, desgrasado y cortado en cubos pequeños
- 750 ml de vino tinto
- 3 cebollas cortadas en juliana gruesa
- 6 zanahorias peladas y cortadas en rodajas gruesas
- 2 cucharadas de salsa de soja
- 5 cucharadas de aceite de oliva
- 250 gramos de ciruelas deshidratadas (o higos o dátiles)
- 1 taza de agua
- 2 cucharaditas de sal

PREPARACIÓN:

En una olla grande, calentamos el aceite de oliva a fuego fuerte y doramos bien la carne durante 5-7 minutos. Añadimos la cebolla y las zanahorias, mezclamos bien y cocinamos otros 10 minutos, hasta que la cebolla comience a dorarse.

Agregamos el vino, la sal, la salsa de soja y dejamos reducir unos 5 minutos.

Bajamos el fuego al mínimo, añadimos el agua y las ciruelas, y tapamos. Lo dejamos cocer lentamente durante 3 horas. Pasado el tiempo, la carne estará suave y sabrosa.

Retiramos del fuego y servimos inmediatamente.

Notas

Queda fenomenal con quinua (blanca, roja o negra, o una mezcla de las tres) o con arroz integral.

Judías picantes con albahaca, puerro y limón

Otra muestra de que las legumbres están llamadas a ser las estrellas de la nueva cocina. Este guiso que mezcla ácido, picante y el dulzor de las especias, se convierte en una maravillosa opción para comer como plato único o acompañando a alguna preparación de carne o pescado. El límite lo pones tú.

INGREDIENTES:

- 4 tazas de judías ya cocidas
- 1 puerro grande
- 4 dientes de ajo pelados
- Una pizca de chile en polvo o en hojuelas
- 1/2 cucharadita de cúrcuma
- 1/2 cucharadita de cinco especias chinas
- 2 tomates maduros y cortados en cubos pequeños
- 10 hojas de albahaca cortadas
- La ralladura de 1 limón y 2 cucharadas de su zumo
- Aceite de oliva
- Sal

PREPARACIÓN:

En una sartén grande, calentamos 6 cucharadas de aceite de oliva y freímos ahí el puerro cortado al gusto durante 5-8 minutos. Añadimos el ajo, un poco de sal y las especias. Cocinamos otros 2 minutos y añadimos el tomate, la ralladura de limón y las hojas de albahaca.

Incorporamos inmediatamente las judías y el zumo de limón, y dejamos que se doren junto con el resto de ingredientes a fuego medio, revolviendo suavemente y cuidando de que no se queme la preparación, durante unos 5-7 minutos más.

Rectificamos la sal, mezclamos y retiramos del fuego. Servimos inmediatamente como acompañamiento o como una ensalada templada llena de sabor y color.

Notas

Si añades ajo negro a la receta, verás cómo el sabor adquiere otra dimensión. Puedes encontrarlo en tiendas especializadas y utilizarlo sin miedo.

Megadarra

Esta maravillosa receta egipcia, traída hasta aquí, se convierte en un plato lleno de sabores.

INGREDIENTES:

- 6 cebollas grandes
- 1 1/2 tazas de lentejas (remojadas en agua desde la noche anterior)
- 1 1/2 tazas de arroz
- 4 cucharadas de aceite de oliva
- Sal y pimienta
- 1/2 cucharadita de cúrcuma
- 1/2 cucharadita de paprika o pimentón
- 2 cucharadas de puré de tomate
- 1 hoja de laurel
- Una pizca de hierbabuena seca
- Agua fría

PREPARACIÓN:

Pelamos y cortamos las cebollas en juliana fina. Calentamos 4 cucharadas de aceite de oliva en una sartén grande y ponemos la cebolla. Tapamos y dejamos 10 minutos a fuego medio. Bajamos el fuego y dejamos cocer otros 5 minutos. Destapamos la sartén y vamos cocinando lentamente la cebolla, hasta que se dore bien, procurando no quemarla, hasta que quede oscura y suave.

Aparte, escurrimos las lentejas y luego las lavamos bien con agua fría. Las ponemos en una olla (es preferible que sea de fondo grueso) y las cubrimos con agua fría. Las dejamos cocer unos 20-25 minutos. Pasado el tiempo, agregamos el arroz, la mitad de las cebollas caramelizadas, las especias, el tomate, sal, pimienta y una hoja de laurel.

Revolvemos bien, añadimos un poco de agua hirviendo si hace falta y cocinamos a fuego bajo durante 20 minutos o hasta que las lentejas y el arroz estén blandos y suaves.

Servimos en un plato hondo, cubierto con (mucha) cebolla caramelizada.

Notas

Se le puede agregar también una cucharada de yogur griego natural encima si puedes comer lácteos. Yo lo he probado sin el yogur e igualmente está delicioso.

Quinotto (versión vegana)

La versión vegana del risotto no podía faltar en mi casa, no porque sea un vegano convencido (al menos, no todavía), sino porque es una muestra más de que muchas veces se puede prescindir de ciertos ingredientes sin que el resultado final tenga nada que envidiar a otras preparaciones más pesadas y calóricas. ¡Anímate a probarlo!

INGREDIENTES:

- 500 gramos de quinua
- 3 cebollas moradas en juliana
- 2 puerros grandes en rodajas
- 3 dientes de ajo
- 2 1/2 tazas de tomates maduros, pelados y sin semillas
- 1/2 cucharadita de cúrcuma
- 1/2 cucharadita de merquén o chile en polvo
- Sal y pimienta
- 4 cucharadas de aceite de oliva
- 1/3 de taza de cilantro y perejil picados

PREPARACIÓN:

Preparamos la quinua según las instrucciones del fabricante. Escurrimos, disponemos la quinua en un bol y reservamos.

Aparte, calentamos el aceite de oliva en una sartén grande y salteamos la cebolla, el puerro, el ajo y los tomates durante 10-15 minutos. Añadimos las especias y mezclamos bien. Retiramos del fuego, ponemos en un bol hondo y batimos con la batidora de mano hasta conseguir una crema suave.

Devolvemos la crema de verduras a la sartén y calentamos. Añadimos la quinua y el cilantro, mezclamos bien y ya está listo para servir.

Notas

Añade azafrán a las verduras en lugar del merquén y la cúrcuma, y tendrás un plato completamente distinto.

Tajín de verduras y dátiles

—

Utiliza las verduras de temporada y crea tu propia versión, pero mantén las especias y la base de la receta para que puedas disfrutar al máximo de sus sabores y contrastes.

INGREDIENTES:

- 3 cebollas moradas cortadas en juliana fina
- 2 calabacines pelados y cortados en cubos
- 1 berenjena pelada y cortada en cubos
- 4 zanahorias peladas y cortadas en rodajas gruesas
- 1 pimiento rojo, limpio y despepitado, en tiras
- 180 gramos de dátiles
- 1 cucharada de sirope de agave o de arroz (optativo)
- 1/2 vaso de vino blanco
- Agua hirviendo
- Sal
- Especias: harissa, ras el hanout, cúrcuma
- 3 cucharadas de aceite de oliva
- 1 cucharada de aceite de sésamo
- 500 gramos de quinua para acompañar
- El zumo de un limón

PREPARACIÓN:

Remojamos los dátiles en agua caliente 30 minutos, después de lavarlos con agua. Aparte, cortamos la berenjena en cubos y la ponemos en un colador con un puñado de sal, mezclándola bien con las manos. Dejamos que escurra unos 10-20 minutos.

Cortamos también las cebollas en juliana fina, el calabacín en cubos, el pimiento rojo en tiras, las zanahorias en rodajas gruesas (y las verduras que queramos añadir). Reservamos.

En una olla grande, calentamos el aceite de oliva con unas gotas de aceite de sésamo. Una vez caliente, agregamos las cebollas cortadas y las dejamos cocer hasta que empiecen a cambiar de color. Opcionalmente, podemos añadir una cucharada grande de sirope de agave y mezclar bien.

Dejamos a fuego alto unos 3-4 minutos y añadimos medio vaso de vino blanco y el zumo de 1 limón recién exprimido, hasta que se evaporen.

Agregamos las zanahorias y el pimiento, y dejamos cocinar otros 4-5 minutos. Añadimos los calabacines, la berenjena previamente enjuagada con agua fresca para quitarle el exceso de sal, y parte del agua de los dátiles. Tapamos y bajamos el fuego.

Retiramos los dátiles del agua sin tirar la restante, los abrimos, quitamos el hueso y los cortamos en cubos pequeños. Los añadimos a la olla y es el momento de las especias: 1 cucharadita de harissa, otra de ras el hanout (mezcla de especias marroquíes que, si no tenemos a mano, podemos sustituir por una pizca de cada una de estas: clavo, comino, jengibre, cardamomo, canela, nuez moscada y pimienta negra en polvo), 1/2 cucharadita de cúrcuma y una pizca de sal. Añadimos 1/2 vaso del agua de los dátiles, volvemos a tapar y dejamos cocinar unos 25 minutos a fuego muy suave.

Aparte, preparamos la quinua según las indicaciones del fabricante. Una vez que está todo listo, ponemos en un plato como base la quinua y encima una buena cantidad del tajín de verduras. ¡Listo para comer!

Notas

No le temas a las especias y sigue siempre la filosofía de equilibrar sabores: una picante con una que le dé un toque dulzón, por ejemplo. ¡Te sorprenderán!

Mafé

___

Este plato me llegó de forma inesperada: unos amigos me comentaron un día que lo habían probado en su barrio y me preguntaron si me atrevía a hacerlo. ¡Desafío aceptado! Me lancé a buscar la forma de preparar este guiso senegalés hasta que, después de varias lecturas, reuní las piezas que me llevaron a configurar mi propia versión. El día que mis amigos lo probaron me dijeron que estaba mejor que el original que habían comido...

INGREDIENTES:

- 2 batatas (patatas dulces) peladas y cortadas en cubos pequeños
- 2 zanahorias, peladas y cortadas en cubos pequeños
- 1 berenjena grande, cortada en cubos
- 700 gramos de pechuga de pollo (deshuesada y sin piel) cortada en cubos
- 1 litro de caldo de pollo (ideal si es hecho en casa; si no, vale uno comprado)
- 2 cebollas picadas en cubos pequeños
- 1 pimiento verde cortado en cubos
- 1 pimiento rojo cortado en cubos
- 2 ajos pelados y picados finamente
- 1 bote de tomate frito o 4 tomates pequeños, pelados, cortados en cubos y sin semillas
- 250 gramos de maíz dulce cocido
- 200-250 gramos de pasta o crema de cacahuete sin azúcar (se puede encontrar en herbolarios), o mantequilla de cacahuete que no tenga azúcar.
- 6 cucharadas de aceite de oliva
- Sal y pimienta al gusto
- 1 cucharadita de jengibre en polvo o 2 cucharaditas de jengibre fresco rallado
- 1 cucharadita de tomillo
- 1/2 cucharadita de cúrcuma
- 1/4 de taza de cilantro picado (optativo)

PREPARACIÓN:

Ponemos a cocer al vapor las batatas y las zanahorias hasta que estén tiernas, evitando cocerlas mucho. Aparte, en un colador ponemos la berenjena y le agregamos una buena cantidad de sal, para que se quite el amargor. La dejamos unos 10-20 minutos, y después la lavamos bien con agua fría y escurrimos en el colador.

Los dos siguientes pasos debemos realizarlos en paralelo. En una olla, calentamos 3 cucharadas de aceite y, cuando esté bien caliente, agregamos los cubos

de pollo para dorar y sellar. Una vez que cojan un color dorado, salpimentamos al gusto. Reducimos el fuego, añadimos una taza de caldo de pollo y cocinamos a fuego muy suave.

Aparte, en una sartén, calentamos el resto del aceite y salteamos en él las cebollas y los pimientos. Una vez que la cebolla esté transparente, añadimos el ajo y las especias (tomillo, jengibre y cúrcuma). Mezclamos bien y agregamos la berenjena, el maíz y el caldo de pollo restante. Seguimos revolviendo para

incorporarlo todo y añadimos la mantequilla de cacahuete hasta conseguir que se mezcle bien. Cocinamos durante 5-10 minutos a fuego suave.

Una vez pasado el tiempo, vertemos la salsa a la olla donde estábamos cocinando el pollo y añadimos las batatas y las zanahorias. Mezclamos bien y seguimos cocinando a fuego bajo durante 25 minutos, revolviendo de vez en cuando. Al servir, se puede espolvorear con cilantro fresco picado, si apetece.

Notas

Sírvelo siempre sobre una porción de arroz, ya sea blanco, basmati o integral.

Tajín de carne e higos

Imagínate un plato que es dulce y salado, que rezuma sabores diversos y jugos sabrosos, que se prepara con amor a fuego lento. Esta receta es un exponente de lo que es disfrutar cocinando y, sobre todo, comiendo.

INGREDIENTES:

- 800 gramos de morcillo o añojo, desgrasado y cortado en cubos
- 12 higos secos
- 2 dientes de ajo sin pelar
- 1 naranja de zumo
- 1 cucharada de tomillo fresco
- 4 cucharadas de aceite de oliva
- 1/2 cucharadita de azafrán en hebras
- 1 cucharada de miel o de melaza
- Sal y pimienta negra

PREPARACIÓN:

Hervimos 2 tazas de agua, ponemos en remojo los higos deshidratados durante 1 hora y reservamos tanto el líquido como la fruta.

Lavamos bien la naranja y la partimos por la mitad. Exprimimos toda la naranja para obtener su zumo y reservamos. Una mitad la pelamos, sin la parte blanca, y la cortamos en bastoncitos finos; la otra mitad la rallamos y reservamos.

En una cazuela de barro o en un tajín, calentamos el aceite. Una vez caliente, añadimos la carne, el ajo sin pelar y el azafrán, hasta dorar bien. Retiramos los cubos de carne y añadimos el zumo de naranja con una taza del agua de los higos; la sal, la pimienta, los higos cortados en trozos, el tomillo, los bastoncitos de naranja, la melaza y llevamos a ebullición.

Añadimos los trozos de carne nuevamente y cocinamos entre 2 y 2 1/2 horas a fuego suave, sin dejar que se seque. Podemos ir agregando la segunda taza del agua de los higos a medida que sea necesario.

Notas

Recomiendo acompañarlo de arroz integral o rojo, o preferiblemente de cuscús. ¡Prepárate!

Curry de pollo, verduras y frutos secos

Lo bueno es que se prepara con ingredientes sencillos que, bien combinados, se transforman en algo totalmente inusual y que pondrá tus habilidades culinarias por las nubes.

INGREDIENTES:

- 800 gramos de contramuslos de pollo, deshuesados y limpios
- 3 zanahorias picadas en cubos
- 3 cebollas cortadas en juliana
- 1/4 de vaso de vino blanco
- 1 vaso de agua
- 250 gramos de guisantes congelados o de lata (previamente escurridos)
- 2 cucharadas grandes de jengibre fresco, pelado y picado
- 1 cucharadita de cúrcuma
- 1 cucharadita de curry
- Sal
- 2 cucharadas de puré de tomate
- 2 cucharadas grandes de coco rallado
- 4 cucharadas grandes de almendras en láminas (o pistachos pelados)
- 1 cucharada de aceite de sésamo
- Aceite de oliva

PREPARACIÓN:

En una olla amplia y grande, ponemos a calentar el aceite de sésamo y 2 cucharadas de aceite de oliva. Una vez caliente, salteamos las piezas de pollo por ambos lados hasta que estén doradas.

Añadimos la cebolla y el jengibre, y dejamos cocer unos 5 minutos, mezclando de vez en cuando. Agregamos el vino y dejamos evaporar unos 3 minutos.

Incorporamos las zanahorias, los guisantes y todo el resto de ingredientes. Mezclamos bien y dejamos cocer tapado a fuego medio-bajo unos 35-40 minutos.

Una vez pasado el tiempo, retiramos las piezas de pollo, las ponemos sobre una tabla y las cortamos en trozos pequeños. Volvemos a mezclar el pollo con las verduras y ya estará listo para servir.

Notas

Yo lo prefiero con arroz y, últimamente, con arroz integral. Me resulta más neutro y suave, sobre todo para un plato de sabor tan interesante.

Garbanzos con espinacas

Esta receta la preparamos en casa aquellos días en que no tenemos mucho tiempo y no queremos dejar de comer sano y bien. Si dispones de garbanzos precocinados, tendrás la comida lista en apenas 20 minutos y sin casi despeinarte.

INGREDIENTES:

- 800 gramos de garbanzos previamente cocidos (de bote, escurridos, o hervidos en casa)
- 250 gramos de hojas de espinacas frescas, lavadas y sin tallos
- 4 dientes de ajo pelados y picados finamente
- 2 cebollas grandes cortadas en cubos
- 1 puerro picado finamente
- 1 pimiento rojo cortado en cubos
- Aceite de oliva
- Aceite de sésamo
- Sal y pimienta
- 1/2 cucharadita de cúrcuma en polvo

PREPARACIÓN:

En una sartén grande (o un wok), ponemos a calentar 2 cucharadas de aceite de sésamo y 2 cucharadas de aceite de oliva. Freímos la cebolla hasta que esté transparente, añadimos el puerro, el pimiento y el ajo, y bajamos a fuego medio. Tapamos y dejamos cocer 5 minutos.

Pasado el tiempo, añadimos los garbanzos ya escurridos, un poco de sal y pimienta al gusto, además de la cúrcuma. Volvemos a subir el fuego y cocinamos de 4 a 5 minutos. Añadimos a la sartén las hojas de espinaca fresca, recién lavadas, mezclamos bien y dejamos cocer de 3 a 4 minutos.

Cumplido el tiempo, comprobamos la sal, corregimos si hace falta, y el plato ya está listo para servir.

Notas

Si cueces tú los garbanzos, guarda algo del líquido de la cocción y añádelo a la sartén cuando el plato ya esté listo. Déjalo cocer 10 minutos, y tendrás un potaje estupendo para los días de invierno; sobre todo, si eres fan de las sopas.

Potaje de lentejas con verduras

Despierta la gastronostalgia de tus comensales y llévales de paseo por sus recuerdos...

INGREDIENTES:

- 400 gramos de lentejas pardinas secas
- 1 tomate grande, maduro, pelado y cortado en cubitos (o 1 cucharada de concentrado de tomate)
- 2 cebollas cortadas en cubos
- 1 puerro picado finamente
- 3 dientes de ajo en rodajas
- 1 pimiento rojo cortado en cubos
- 200 gramos de calabaza pelada y cortada en cubos pequeños
- 3 zanahorias en rodajas
- Aceite de oliva
- 1 cucharadita de sal
- Una pizca de pimienta negra recién molida
- 1 cucharadita de 5 especias chinas

PREPARACIÓN:

La noche anterior, dejamos en remojo las lentejas en agua fría. Por la mañana, las escurrimos y lavamos bien. Reservamos.

En una olla grande, calentamos 4 cucharadas de aceite de oliva y freímos la cebolla, el tomate, el puerro, el ajo y el pimiento. Añadimos sal, pimienta y las 5 especias chinas, y cocinamos hasta que la cebolla esté transparente.

Agregamos la calabaza y la zanahoria, y mezclamos bien. Añadimos las lentejas y echamos agua a la olla hasta que estén cubiertos todos los ingredientes. Cocemos a fuego medio durante 30-40 minutos. Comprobamos la cocción y corregimos de sal si hace falta.

Una vez que las lentejas estén listas, añadimos una taza de agua. Tapamos 30 minutos con el calor residual.

Notas

Alterna las verduras y elige las que estén en temporada (apio, hinojo, lombarda, etcétera), y siempre tendrás una receta nueva.

Pasta de arroz con verduras

La pasta de arroz es perfecta para este plato, porque cede todo el protagonismo a los ingredientes y se complementa con ellos.

INGREDIENTES:

- 3-4 filetes de pechuga de pollo
- 1 pimiento rojo cortado en cubos
- 1 cebolla grande cortada en juliana
- 1 calabacín pequeño cortado en cubos
- 2 zanahorias peladas y cortadas en juliana
- 1 cebolleta (incluyendo lo verde) cortada en cubos
- 400 gramos de pasta sin gluten
- 1 cucharadita de pimienta
- 1/2 cucharadita de clavo en polvo
- 1/2 cucharadita de chile en polvo
- 1/2 taza de salsa de soja
- Aceite de sésamo o de oliva
- 1 cucharada de maicena

PREPARACIÓN:

Primero, cortamos las verduras en trozos pequeños (cubos o en juliana, según prefiramos). Reservamos. A continuación, cortamos la pechuga de pollo en trozos pequeños, ponemos en un bol y sazonamos con un chorro de aceite, 4 cucharadas grandes de salsa de soja, el clavo, la pimienta y el chile en polvo. Agregamos una cucharada de maicena y mezclamos bien. Reservamos.

Ponemos un wok o una sartén honda a calentar, hasta que esté bien caliente. Mientras se calienta, ponemos a cocer la pasta. Una vez caliente, agregamos aceite. Dejamos que coja temperatura y ponemos el pollo. Lo salteamos bien por un lado y le damos la vuelta, dorándolo bien. Una vez que está dorado, lo dejamos sofreír 2-3 minutos más por cada lado y agregamos las verduras cortadas. Primero la zanahoria, la cebolla, la cebolleta y el pimiento rojo, después, el calabacín. Agregamos 1/4 de la salsa de soja al wok y vamos mezclándolo todo bien para que se cocine de forma homogénea.

Cuando la pasta esté lista, la escurrimos y reservamos. Terminamos de cocinar las verduras, que deben quedar al dente. Agregamos al wok la pasta y mezclamos cuidadosamente los ingredientes. Cocinamos 4-5 minutos más y retiramos del fuego.

Notas

Si le quitas el pollo, ya tienes una versión vegana.

Farinata

Este plato es uno de esos que descubres por casualidad y que se convierte en un comodín que salva esos días en que la cena no apetece o cuando recibes visitas por sorpresa.

INGREDIENTES:

- 300 gramos de harina de garbanzos
- 1 litro de agua fresca
- 1/2 taza de aceite de oliva
- Sal
- Pimienta negra recién molida
- Romero seco picado (a veces, utilizo orégano seco)
- Pimentón picante (opcional)

PREPARACIÓN:

En un bol hondo ponemos el agua y, poco a poco, vamos añadiendo la harina de garbanzos, mezclando bien y evitando que se formen grumos. Esto se puede hacer en un robot de cocina o con una de esas batidoras de pie que tanto se han puesto de moda... ¡Yo tengo una! Dejamos reposar la mezcla 1 hora o 2. Si se ha formado espuma en la superficie, la retiramos antes de volver a trabajar con ella.

Precalentamos el horno a 200 °C.

A continuación, añadimos a la masa el aceite de oliva, la sal, el romero y las especias, y mezclamos hasta incorporar bien.

Enaceitamos la bandeja del horno y vertemos la mezcla. Tiene que ocupar más o menos de 1 centímetro de alto. Espolvoreamos con unas escamas de sal y unas ramitas de romero.

Llevamos al horno y cocinamos durante 30 minutos, hasta que esté bien dorada. Dejamos reposar unos minutos y ya está lista para servir.

Notas

Si quieres hacerla como crepes, usa 1 taza de harina de garbanzos por 1 taza de agua, añade 1 cucharada de aceite de oliva, sal y pimienta, y hazlos en una sartén bien caliente. ¡Un cucharón de mezcla a la vez, dorando por lado y lado!

Cevizli biber

Esta es otra receta que llegó hace poco a mi casa, y que ya no se fue... Cuando lo pruebes sabrás por qué. Los pimientos y las nueces nunca habían maridado tan bien como en esta pasta para untar.

INGREDIENTES:

- 4 pimientos rojos asados (los de bote funcionan a la perfección, previamente escurridos). En caso de que sean asados en casa, habrá que retirarles la piel (opcional). ¡Ásalos en casa! El resultado es infinitamente superior.
- 3 dientes de ajo pelados
- 1 taza de nueces
- El zumo de 1/2 limón
- 1 cucharada de aceite de oliva extra virgen
- Sal, pimienta y una pizca pequeña de paprika, chile en polvo o pimentón picante

PREPARACIÓN:

Ponemos todos los ingredientes, menos las nueces, en el robot de cocina, hasta conseguir una pasta muy suave y homogénea. Añadimos las nueces y picamos toscamente con el robot. Corregimos la sal y llevamos a la nevera un par de horas.

Si lo hacemos con la batidora de mano, en una jarra o recipiente hondo ponemos todos los ingredientes y mezclamos bien a velocidad media-alta hasta formar una pasta suave y homogénea. Corregimos la sal y llevamos a la nevera un par de horas.

Se puede hacer todo a mano también. Con la ayuda de un buen cuchillo y un mortero, picamos y molemos los ingredientes hasta conseguir una pasta suave. Corregimos la sal y llevamos a la nevera un par de horas.

Notas

Si quieres asar los pimientos en casa, lávalos, sécalos bien, córtalos en tiras, quítales las semillas y ponlos en una fuente apta para horno. Un buen chorro de aceite de oliva, un par de ajos enteros, una pizca de sal, cúbrelos con papel de aluminio y hornéalos durante 60-70 minutos a 180 °C.

Peras asadas

Es una alternativa al puré de manzana y un estupendo acompañamiento para carnes de sabor intenso. La fruta está destinada a un protagonismo mayor a la hora de preparar los segundos y sus guarniciones.

INGREDIENTES:

- 6 peras firmes y maduras
- 2 cucharadas de sirope de agave
- 6 cucharadas de agua caliente
- 1 cucharada de vino blanco
- 1 anís estrellado
- 1 clavo de olor
- Una pizca de sal
- Una pizca de pimienta negra

PREPARACIÓN:

Precalentamos el horno a 180 °C.

Lavamos, pelamos y cortamos las peras en cuartos (a lo largo), y las ponemos en una fuente apta para el horno.

Aparte, mezclamos todo el resto de los ingredientes y pincelamos con ello las peras, vertiendo lo que sobra encima de la fruta cortada.

Llevamos al horno precalentado durante 15-20 minutos, hasta que estén doradas y brillantes. Retiramos y servimos inmediatamente.

Notas

Son estupendas como acompañamiento de carnes blancas (pollo, pavo o pato asados) o rojas (cordero, cerdo o ternera). ¡Y atrévete a innovar con las especias!

Puré de manzana sin azúcar

Es una receta perfecta para Navidad y Nochevieja, cuando busques un sabor que contraste con un pavo asado, una carne de cerdo, ternera o cordero, o con cualquier preparación más elaborada. Es recurrente en las cocinas anglosajonas para acompañar platos especiados y de sabor intenso.

INGREDIENTES:

- 8 manzanas reineta, peladas y cortadas
- 2 palos de canela
- 2 rodajas de limón
- 1 cucharadita de clavo en polvo
- 350 ml de agua

PREPARACIÓN:

En una olla con tapa, ponemos las manzanas peladas, descorazonadas y cortadas. Añadimos los palos de canela y las rodajas de limón. Las cubrimos con agua y ponemos a hervir durante 20-30 minutos a fuego medio, hasta que estén blandas. Si nos pasamos de tiempo, se convertirán en una compota.

Una vez cocida la manzana, retiramos la canela y el limón con cuidado, y con un tenedor deshacemos la fruta. Añadimos el clavo en polvo y, con sutiles movimientos, mezclamos. Ponemos en un recipiente y servimos caliente, templado o frío, según el gusto de cada uno.

Notas

Para un resultado espectacular, el puré debe quedar suave, pero firme y con ciertos *grumos* de manzana.

Pebre chileno

Creo que no existe una receta única o la madre de todas las recetas del pebre chileno, porque tiene variaciones e interpretaciones tan distintas y sagradas que es casi imposible dar con alguna base precisa. Pero comparto aquí la más básica, la más sencilla, la que puede ser el comienzo de tu propia receta.

INGREDIENTES:

- 1 cebolla pelada y picada en cubitos muy pequeños
- 1 diente de ajo pelado y picado en cubitos muy pequeños
- 1 chile verde (si no lo hay, se puede sustituir por una pizca de chile en polvo)
- 3 cucharadas de perejil fresco, picado
- 3 cucharadas de cilantro fresco, picado
- 3 cucharadas de aceite de oliva
- 2 cucharadas de zumo de limón recién exprimido
- 1 cucharada de vinagre de vino
- Una pizca de sal
- Una pizca de pimienta negra

PREPARACIÓN:

En un bol mezclamos todos los ingredientes picados finamente, muy pequeños, y añadimos el aceite, el zumo de limón, el vinagre, la sal y la pimienta. Mezclamos bien con la ayuda de una cuchara, dejamos reposar y servimos como acompañamiento de carnes a la brasa, de una ensalada de patatas, para mojar el pan en el aperitivo o como acompañamiento de otras ensaladas.

A partir de aquí, la receta se convierte en una cuestión personal y familiar, donde hay tantas tradiciones como cocineros. Y solo depende de ti la forma de singularizarla.

Notas

Se puede añadir también tomate muy bien picado y dejarlo reposar con todos los ingredientes, para que así suelte su jugo y se incorpore a la salsa. ¿La cantidad de tomate? Eso ya es decisión tuya.

(Falso) Mousse de chocolate

___

¡Alucinarás con el resultado de este postre!

INGREDIENTES:

- 2 aguacates maduros
- 1 cucharada de cacao desgrasado en polvo
- 1 cucharada de sirope de agave
- 1 cucharada de aceite de coco líquido
- 1/2 taza de nueces recién peladas (opcional)

PREPARACIÓN:

Con un cuchillo, cortamos los aguacates por la mitad, a lo largo, y los abrimos. Deben estar verdes y brillantes; de lo contrario, el postre no resultará del todo agradable. Sacaremos toda la carne con la ayuda de una cuchara, quitando el hueso, y la pondremos en un plato hondo.

Con un tenedor, machacaremos el aguacate hasta formar una pasta suave y cremosa. Añadiremos el cacao, el sirope y el aceite de coco, mezclándolo todo bien. Este paso se puede hacer también con un robot de cocina, pero yo prefiero hacerlo a mano.

Si queremos, podemos añadir unas nueces (o unos pistachos pelados o unas avellanas). Ponemos la mezcla en boles individuales y conservamos en la nevera unas 2-3 horas, como mínimo. Pasado ese tiempo, el mousse ya estará listo para servir y nadie se dará cuenta de que no es puro chocolate.

Notas

Se puede servir solo o acompañando un plato de fresas cortadas, de frambuesas y arándanos, o cualquier otra fruta.

Trufas de chocolate sin azúcar

━━━

¡Deliciosas! Y lo mejor es que nadie se dará cuenta de que no tienen azúcar... Son muy sencillas y, si te esmeras, estarán a la altura de un profesional.

INGREDIENTES:

- 500 gramos de chocolate negro sin azúcar
- 400 ml de leche de coco
- 1/4 de taza de aceite de coco
- 1 cucharada de sirope de agave
- 1 cucharadita de esencia de azahar
- Una pizca de pimienta negra recién molida
- Una pizca de sal
- 1/2 taza de cacao desgrasado y sin azúcar en polvo
- 1/2 taza de coco rallado
- 1/2 taza de harina de almendras
- 2 cucharadas de semillas de chía

PREPARACIÓN:

En un bol, ponemos el chocolate cortado en trozos pequeños y añadimos el aceite de coco. Aparte, en una olla, calentamos la leche de coco a fuego lento hasta que esté a punto de hervir. Vertemos sobre el chocolate y mezclamos suavemente para que este se derrita.

Añadimos el sirope de agave, la esencia de azahar (*orange blossom*), la sal y la pimienta hasta incorporar bien. Ponemos en un bol, cubrimos con film transparente y dejamos reposar en la nevera al menos 4 horas (lo mejor es de un día para otro).

Para hacer las trufas, tomamos un poco de la mezcla endurecida con una cuchara, hacemos una bola con las manos y la rebozamos en alguna de las coberturas: cacao amargo, coco rallado (sin azúcar) o almendras con chía, que previamente hemos dispuesto en unos pequeños cuencos.

Notas

Prueba con coberturas de flores o de oro que sean comestibles (en tiendas especializadas), con especias y semillas, etcétera. ¡Déjate llevar!

Curd vegano de melocotón y jengibre

Los ingleses tienen estos curds, que son una auténtica maravilla para su repostería. ¡Aprende a hacerlos en casa!

INGREDIENTES:

- 2 melocotones amarillos, pelados y cortados en trozos
- 1 cucharada de jengibre fresco, pelado
- 1 cucharada de azúcar moreno o 1 cucharadita de melaza
- 2 1/2 cucharadas de maicena
- 2 cucharadas de zumo de limón recién exprimido

PREPARACIÓN:

En un robot de cocina, trituramos el melocotón con el jengibre y el azúcar hasta conseguir una pasta suave.

Aparte, mezclamos bien el zumo de limón con la maicena y lo agregamos al robot de cocina. Mezclamos a velocidad media durante 1-2 minutos y ponemos la mezcla en un cazo antiadherente pequeño.

A fuego medio-bajo, calentamos, revolviendo continuamente, hasta que espese y consigamos una textura de mermelada, de crema para untar. Dejamos enfriar, guardamos en la nevera de un día para otro, y ya estará listo para consumir.

Notas

Es una deliciosa y sana alternativa para untar en tortitas de arroz o maíz, o para acompañar fuentes de frutas, postres y tartas en general.

Brownie sin gluten

Ahora que llevo esta vida sin gluten, lácteos ni azúcar, no podía renunciar a la posibilidad de disfrutar de un brownie de vez en cuando. Y la respuesta está en esta receta, que dejará boquiabiertos a tus comensales.

INGREDIENTES:

- 500 gramos de alubias negras (porotos, frijoles o judías) cocidas y escurridas
- 4 cucharadas de cacao desgrasado en polvo (sin azúcar)
- 1 taza de harina de almendras (almendras molidas)
- 1/2 taza de sirope de agave
- 1/2 taza de aceite de coco
- 2 cucharadas de extracto de vainilla
- 1 cucharada de levadura química en polvo (polvos de hornear)
- Una pizca de sal
- Una pizca de pimienta negra recién molida
- 1 taza de trozos de chocolate sin leche, azúcar ni gluten

PREPARACIÓN:

Precalentamos el horno a 200 °C.

En un robot de cocina, ponemos todos los ingredientes, menos los trozos de chocolate, y mezclamos muy bien. Pasamos a un bol y añadimos los trozos de chocolate, incorporando bien.

Enaceitamos una fuente apta para horno y ponemos en ella la mezcla anterior. Horneamos durante 15-20 minutos. Retiramos, dejamos enfriar y guardamos en la nevera al menos unas 6 horas. En ese momento, tendrá una textura más consistente.

Una vez pasado el tiempo, sacamos de la nevera, lo cortamos y lo dejamos reposar unos 5 minutos antes de servirlo. ¡Nadie jamás podrá adivinar que está comiendo un brownie de alubias!

Notas

Sírvelo solo o junto a tu helado favorito. Una versión más sana es acompañarlo con fruta fresca. ¡Simplemente delicioso!

Barritas crudiveganas

Es un delicioso snack para las meriendas o para disfrutar del dulce sin remordimientos (bueno, con pocos). A mí me resultan más sabrosas y delicadas que muchos de los productos similares que se venden en el mercado.

INGREDIENTES:

- 1 taza de nueces y almendras al natural
- 1/3 de taza de semillas de lino
- 6 dátiles deshuesados
- 6 higos deshidratados
- 6 ciruelas deshidratadas y deshuesadas
- 6 albaricoques deshidratados y deshuesados
- 3 cucharadas grandes de aceite de coco a temperatura ambiente
- 1 cucharada grande de sirope de agave
- 1 cucharada de cacao en polvo
- 1 naranja

PREPARACIÓN:

En un robot de cocina, ponemos las nueces, las almendras y las semillas de lino, y pulverizamos todo lo que podemos.

Aparte, obtenemos la ralladura de la naranja, quitamos la parte blanca y guardamos los trozos de fruta para añadir a la mezcla.

Ponemos en el robot todos los ingredientes y mezclamos hasta obtener una pasta gruesa.

En una fuente rectangular, extendemos la mezcla y alisamos la superficie con una cuchara (la podemos mojar levemente para que sea más fácil). La ponemos en la nevera durante 30-60 minutos. Sacamos de la nevera, cortamos con un cuchillo en la forma que queramos (rectangular, cuadrada, etcétera), y ya están listas para comer.

Son fáciles de hacer, están deliciosas y apenas tienen calorías.

Notas

Cambia la naranja por una lima y prueba con especias: pimienta de Jamaica, pimienta negra, hojuelas de chile o una pizca de chile piquín, y verás qué maravilla.

Tarta crudivegana de zanahoria con glaseado de anacardos

Suena raro, pero te aseguro que el resultado es espectacular; no solo a la vista, sino también al paladar.

INGREDIENTES:

BASE
- 5 zanahorias peladas y ralladas
- 1 taza de dátiles sin hueso
- 1 taza de nueces
- 1/2 taza de coco rallado sin azúcar
- Una pizca de sal
- 1/2 cucharadita de pimienta de Jamaica (opcional)
- 1/2 cucharadita de jengibre en polvo
- 1/2 cucharadita de nuez moscada
- 1/2 cucharadita de clavo en polvo
- 2 cucharadas de aceite de coco

GLASEADO
- 400 gramos de anacardos crudos (remojados previamente en agua al menos 8 horas)
- 1/2 taza de agua
- 4 cucharadas de sirope de agave
- 1 cucharada de extracto de vainilla
- El zumo de 1 lima y su ralladura
- Una pizca de sal
- 1/2 taza de aceite de coco (que esté líquido).

PREPARACIÓN:

En un robot de cocina, ponemos la cuchilla picadora y mezclamos todos los ingredientes de la base hasta conseguir una pasta pegajosa. La colocamos en la base de un molde con fondo extraíble, cubierta de papel de hornear. La extendemos y aplanamos con ayuda de una cuchara. Guardamos en la nevera y dejamos reposar unos 30 minutos. Para el glaseado, escurrimos bien los anacardos y los picamos en el robot de cocina. Añadimos el resto de ingredientes del glaseado y mezclamos hasta que se haya formado una pasta suave y homogénea.

Retiramos de la nevera la base y la cubrimos con el glaseado de anacardos. Volvemos a refrigerar al menos de 6 a 8 horas.

Notas

El aceite de coco permite conseguir texturas más firmes, ya que se solidifica a bajas temperaturas.

Tarta crudivegana de manzana

Es la mejor mezcla de dulce, manzana y canela que probarás.

INGREDIENTES:

BASE:
- 250 gramos de higos secos
- 250 gramos de dátiles sin hueso
- 250 gramos de almendras crudas
- 2 cucharadas de aceite de coco

SALSA:
- 3 manzanas en cuartos, sin semillas
- 1 cucharadita de canela
- 1 cucharadita de clavo en polvo
- Una pizca de pimienta molida
- 1 cucharada de agua
- 1 cucharada de extracto de vainilla

RELLENO:
- 5 manzanas sin semillas, cortadas en juliana muy fina

PREPARACIÓN:

En un robot de cocina, ponemos la cuchilla picadora y mezclamos todos los ingredientes de la base hasta conseguir una mezcla pegajosa. La colocamos en un molde con fondo extraible, forrado en papel de hornear. La extendemos y aplanamos con ayuda de una cuchara. Guardamos en la nevera y dejamos reposar unos 30 minutos. Aparte, cortamos las manzanas para el relleno y reservamos.

Para la salsa, en la batidora de vaso ponemos todos los ingredientes y mezclamos hasta conseguir una salsa gruesa y homogénea.

Para montar la tarta, ponemos 2 cucharadas de la salsa sobre la base y extendemos bien por toda la superficie. A continuación, intercalamos una capa de manzanas y una de salsa (alcanza para 2 capas de cada una), terminando con la salsa por encima.

Refrigeramos de un día para otro (al menos, 6 horas). La sacamos de la nevera unos 10 o 15 minutos antes de servir.

Notas
Sácala de la nevera unos 10 o 15 minutos antes de servir. ¡Te acordarás de mí!

Tarta crudivegana de fresas

El resultado es muy similar a lo que en Chile conocemos como kuchen, *pero infinitamente más sano.*

INGREDIENTES:

BASE:
- 250 gramos de anacardos
- 250 gramos de nueces
- 125 gramos de coco rallado
- 150 gramos de dátiles sin hueso
- 1 taza de higos secos
- 1 cucharada de sirope de agave
- 2 cucharadas de aceite de coco

RELLENO:
- 500 gramos de fresas, lavadas y cortadas en láminas finas. Reserva unas 4-5 fresas para el glaseado.

GLASEADO:
- 400 gramos de anacardos crudos (remojados previamente en agua al menos 8 horas)
- 1/2 taza de agua
- 3 cucharadas de sirope de agave
- 1 cucharada de extracto de vainilla
- El resto de las fresas
- El zumo de 1/2 lima
- 1/2 taza de hojas de hierbabuena
- Una pizca de sal
- 1/2 taza de aceite de coco.

PREPARACIÓN:

En un robot de cocina, ponemos la cuchilla picadora y mezclamos todos los ingredientes de la base hasta conseguir una mezcla pegajosa. La colocamos en la base de un molde con fondo extraíble, cubierta de papel de hornear. La extendemos y aplanamos con ayuda de una cuchara. Dejamos en la nevera 30 minutos. Mientras, preparamos el glaseado. Escurrimos bien los anacardos y los ponemos en el robot de cocina. Añadimos el resto de los ingredientes y mezclamos hasta conseguir una pasta suave y homogénea. Reservamos.

Para montar la tarta, retiramos la base de la nevera, ponemos una buena capa doble de fresas en láminas y, para terminar, cubrimos con el glaseado de fresas y anacardos. Refrigeramos al menos 6 horas.

Notas

Las fresas, una vez lavadas y partidas, no aguantan mucho. Como máximo, 2 o 3 días en la nevera.

Tarta de almendras

Se trata de una versión libre de la tarta de Santiago, pero es una auténtica delicia que satisface las ganas de dulce para quienes evitamos las grandes concentraciones de azúcar. Eso sí, hay que comerla con cuidado... ¡Es un vicio!

INGREDIENTES:

*   250 gramos de harina de almendras (o 250 gramos de almendras enteras y crudas que moleremos en una picadora)
*   5 huevos
*   120 gramos de agave en polvo
*   3 cucharadas grandes de sirope de agave
*   Una pizca de canela en polvo
*   1 cucharada de ralladura de limón
*   1 cucharadita de aceite vegetal para engrasar el molde

PREPARACIÓN:

Precalentamos el horno a 180 °C.

Mezclamos las almendras molidas con el resto de los ingredientes hasta incorporar bien. No hace falta batir, pero sí asegurarse de mezclar perfectamente todos los ingredientes.

Con el aceite engrasamos el molde (idealmente de base extraíble) y vertemos la mezcla. Llevamos al horno durante 30-35 minutos. Retiramos y dejamos enfriar sobre una rejilla. Desmoldamos, y ya está lista para servir.

En vez de azúcar glas, se puede decorar con más almendras en polvo, con agave en polvo o con coco rallado si te gusta.

Notas

Si utilizas almendras crudas enteras, después de molerlas es recomendable ponerlas en una bandeja apta para horno y extenderlas bien. Las llevas al horno precalentado a 120 °C durante unos 10 minutos. Retira y deja que se pongan a temperatura ambiente. Así soltarán su aroma y sabor.

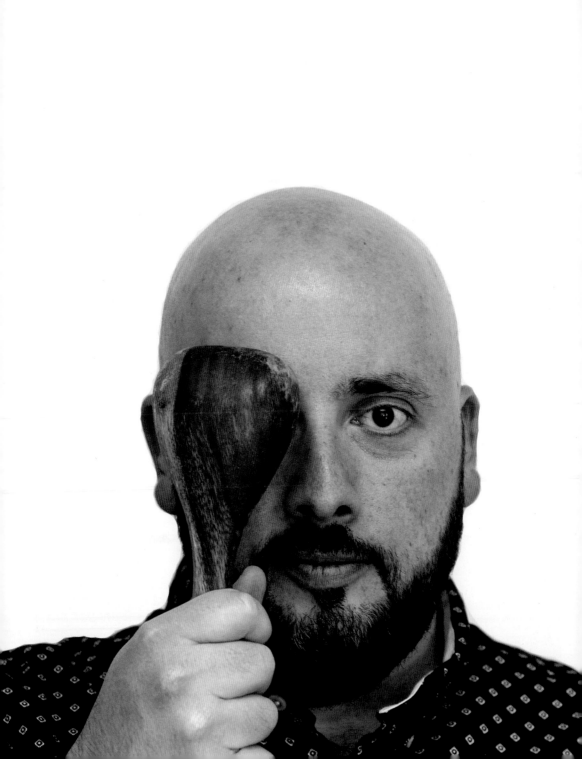

Agradecimientos

A Ivor, por sumarse a esta nueva aventura en la que vamos descubriendo nuevas posibilidades día a día.

A mis padres, a mis hermanos y a mis cuñados, por comprender que esto no es un capricho y abrazar nuestras normas de alimentación cada vez que nos invitan a casa.

A Carolo, por su paciencia y consejos durante el proceso. Sin él, nada de esto hubiera sido posible.

A todos mis amigos, por confiar siempre en mi mano en la cocina. Vuestro apoyo, consejos e ingredientes diversos que me regaláis hacen que mi vida sea mucho más divertida e interesante.

A Céline y Rocío, que llenan de imágenes y diseño todas mis ideas.

OTROS TÍTULOS DE INTERÉS

Amat
editorial

¡Al horno!

Tomás Loyola Barberis

ISBN: 9788497359917
Págs: 120

Las recetas al horno tienen cada día más seguidores porque son fáciles, saludables y… ¡dejan mucho tiempo libre! Te presentamos una combinación de recetas modernas y tradicionales con las que sorprender a los tuyos. Tanto si eres un fanático de la cocina como si das tus primeros pasos en el apasionante mundo de los fogones, este libro es para ti. Recetas sencillas que te transportarán a un universo de sensaciones y emociones.

Cocina sana en 10 minutos

Isma Prados

ISBN: 9788497358088
Págs: 112

Cocina sana en 10 minutos no es sólo una recopilación de recetas saludables. En este libro el cocinero Isma Prados nos explica cuáles son las familias de los alimentos, nos enseña a seleccionar y combinar los mejores ingredientes, nos sugiere cómo ahorrar tiempo en la cocina y nos da ideas para elaborar un menú variado en pasos sencillos y asequibles.

www.amateditorial.com

Mix it

Lena Suhr

ISBN: **9788497358668**

Págs: **128**

Sácale partido a tu batidora, con la que podrás preparar desde leche de almendras tostadas hasta un batido verde de arándanos con kombucha, barritas cremosas de anacardos o cuscús con fresas. Este fantástico libro te ofrece 120 recetas sabrosas y variadas, tu pequeña dosis de energía diaria.

Cocina sana con el método del plato

Fundación Alícia

ISBN: **9788497358842**

Págs: **112**

El método del plato es una técnica que utiliza el plato como herramienta de medición para garantizar una alimentación sana y equilibrada, de una manera práctica y sencilla. Este sistema asegura que nuestras comidas contengan siempre una representación adecuada de verduras y hortalizas, farináceos y alimentos proteicos sin tener que pesarlos, solamente teniendo en cuenta las necesidades de quien va a comer y disponiéndolos en un plato antes de cocinarlos.